여자의 꿈

그루시선 114

여자의 꿈

이형순 시집

그루

| **자서** |

오래 망설이기도 했으나
조심스럽게 용기를 내어
소박한 '마음의 그림'들을
편지를 띄우듯 세상에 내보낸다.

오늘을 주신 주님께 감사드리며,
제가 사랑하는 모든 분과
도움을 주신 이들에게도
감사하는 마음을 전한다.

2025년 여름
이형순

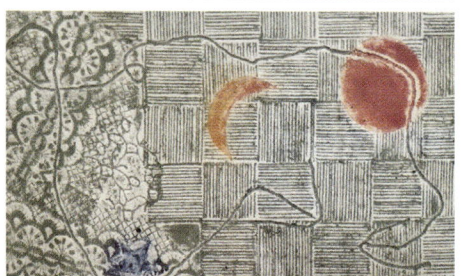

목판화(1985) : 이형순

나의 노래
—서시

여자의 꿈
멋진 여자가 되어
멋진 남자를 만나서
멋진 보물을 품고 싶다

인생
비가 내린다
단비가 될 수도 있고
홍수가 될 수도 있는
비가 내린다
우산을 방패 삼아서
폈다가 접었다가
희로애락으로 산다

가족
아빠는 햇빛 되고
엄마는 달빛 되어
어여쁜 꽃밭을
한결같이 가꾼다

차례

005 자서
007 나의 노래

I

014 먼 산
016 길
018 가고 있어요
020 나 이리 있어요
022 옛길
024 꽃이 피는 이유
026 기다림
028 좋은 옷
030 바람아, 불어다오
031 낙원
032 어쩌면 좋아
034 우짜라 카노
036 인생극장

II

040   공든 탑
042   사랑 마중
044   필연
046   우산 속 데이트
047   우리의 풍경화
048   나랑 함께 살아요
050   덕분에
052   간밤의 꿈
054   나와의 대화
056   내일 이맘때
058   사랑이 없다면
060   있고 없고
061   그대로이다

III

064　날마다
066　겨울나무
068　기쁨
070　나는 싫소
072　나는 모릅니다
074　석양의 선물
076　그때
078　묵은 놀이터
080　올챙이야
081　먼 훗날
082　지금
084　정
085　팔순에 보는 산

IV

088 실버의 멋
090 빗방울 속의 만남
092 친구들아
094 여고 졸업 예순 돌
096 지금은 어드메뇨
098 울음
100 세상 구경
102 상하좌우
104 정답
105 미라
106 결혼식
108 숙아, 잘 있제

해설
112 사랑과 그리움, 기다림의 시_이태수

I

먼 산

창밖에 누워
날이면 날마다
나와 대면하는
먼 산

어제 내가
웃었는지 울었는지
아는지
모르는지
마냥 그대로다

무심하지만 한결같이
그대로 있어 주어
만날 수 있으니
그 헤아릴 수 없는 속이
얼마나 깊은 걸까

하지만 한결같은

나의 기다림은

속절없어 눈물겹다

길

길이 아니면 가지 말라던
그 말을 제쳐두고

바람이 좋아
바람 부는 데로
숲이 좋아
숲이 우거진 데로
길인가 하여 가 보았더니

바람은 가고 숲은 끊어져
오던 길 돌아보았는데
모르는 체하더이다

길이 아닌가 하여
낯선 길 들어섰는데
그 길에서
우연히 한 사람 만나

째깍째깍 살고 있으니
어느새 낯설던 그 길의
길잡이가 되었습니다

낯설던 그 길이
낯익은 이 길 되어
나의 길이 된 줄 알고부터
시간과 손잡고 이 길을
걸어가고 있습니다

가고 있어요

언제 어느 때라도
어디든지 가고 싶어요

가고 싶은 마음은
갈 곳이 어딘지 몰라도
설레며 나서게 하지요

출발이 시작이고
도착이 끝이라면
가고 있음은
무언가를 하는 기쁨이지요

갈 곳이 어딘지 몰라도
설레며 나선 여행길

산도 보고
바람 따라 노래하며

물결대로 춤추지요

갈 곳 있는 축복 속에서
고개 숙여 걷고 있어요

나 이리 있어요

나 이리 있어요
주어진 대로 먹고 자고 입고
그러고 있어요

바람이 불면 노래를 부르고
비가 오면 추억을 새겨요

어제는 번개팅 해서
동해 파도 소리 듣고 왔어요
오늘은 정든 이들과
마음을 나누었더니 마음이 살쪘네요

내일, 내일은요
소식 뜸한 친구 안부 물으려구요
너무 오랜만이라 기다려지는데
잘 지내자 했으니 잘 지내겠지요

때로는 산에도 들에도 가는데
언제나 그대로 그 자리에 그 모습
내가 쉬이 찾아오라고
그리 있나 봅니다
나 이리 지내고 있지요

옛길

먼 그때가 저려옵니다

몸은 이리 떠밀려 왔지만

마음은 거기 심어 두었지요

옛길로 두둥실 떠올라봅니다

강둑 동편 논과 밭 너머

네모난 집들이 키 자랑하고

좁다란 골목길은

널따란 팔차선으로 바뀌었지요

친구들과 마주하던 찻집도

대형 카페에 밀려 없어지고

모든 것이 변하는데

옛길인들 세월 앞에 어쩌겠어요

꽃이 피는 이유

고마운
손길 하나

꽃씨를 뿌려
흙을 다독이고
흙은 씨앗을
보듬어 품는다

질서는 한줄기
비를 내리고
햇살은 어서 오라
손을 잡는다

세상에 나온 싹은
세파와 더불어
줄기와 잎이 되어
꽃을 피운다

지어 준 고운 옷에
향기로 절하며
그대의 서러움 달래려
이렇게 왔노라고
껄껄거리며 안고 돈다

고마운 손길이여
영원하소서

기다림

목이 말라
샘가에서 기다립니다

어느 때나 꼭 같은
설렘으로 달아오르는
바람결 길목이지요

파란 하늘이라
이쁜 옷 입었겠지요

기다림이 너무도 길어
또 손가락을 꼽습니다

약속이라 낀 반지를
만지작거리기도 합니다

기약 없는 기다림이지만

행여 돌아서서 울지라도

언제나 기다리며
살고 있습니다

좋은 옷

세탁에 견뎌서
부드러운 옷이
나는 좋다

즐겨 입어 느슨하고
품이 넉넉한 옷이
나는 좋다

어느 때 입어도
기쁨 주는 옷이
나는 좋다

오래돼도 새로워도
간직하고픈 옷이
나는 좋다

시선 잡기보다

마음 잡는 옷이
나는 좋다

그래서 나는
좋은 옷을
정든 이들과
나누며 산다

바람아, 불어다오

바람아, 불어다오
세게도 말고
살살도 말고

세게 불면 숨이 차고
살살 불면 답답할 테니

넘쳐서 탈
모자라도 탈

제멋대로 변하는 내 마음
나도 모르는데
어이 남을 알리오마는

지금은 솔향 실은
솔바람이 기다려진다

낙원

마음 열고
눈 닫으니
삶이 편하고

심호흡했더니
세상이 모두
내 편 같다

바람 따라 노래하고
물결대로 춤추며
살고 싶어라

마음 열고 눈 닫고
심호흡 한 번 더 하며

어쩌면 좋아

어쩌면 좋은가
함께하고 싶은데

지금은
누구의 짝이 되어버린 그

지워도 떠오르는
재워두었던 지난날들

마르지 않는 샘물 같아
어쩌면 좋은가

세월은 여기나 거기나
여전히 흐르는데

산과 바다처럼 떨어져
숨 쉬고 있는지

미련들을 애써
책갈피에 묻어 두어도

뒤척이며 설움에 겹다
어쩌면 좋은가

우짜라 카노

보이소, 들어보고
우짤라 카는지 갈치 주이소
있짢아예
누가 있는데
지가 내한테 카대예
내가 안 통해 나간다 카더라꼬예
기가 딱 맥혀서
지보다 내가 백배 더 답답은데
정든 기 아까바서 이래 달래고
저래 추켜봐도 나간다 그케 싸킬래
내가 지보고 그라만
니 하고 싶은 대로 해라 캤디
뭐라꼬 하고 싶은 대로
하라 캤나 카길래
니가 안 캤나 니 하고 싶은 대로
한다꼬 그캤디 가마이 있데예
그러디 지가 알아서 한다 카는데

머리도 띵하고
나간다 카는지 들온다 카는지
통 모리겠고 이바구하기도 부끄러버
여쭙니더 우짤라 카는지
지도 잘 모르는 거
아잉 거 아인지예
모리겠네예

인생극장

인생극장 막이 오른다
은은한 음악이 흐르고

아가의 울음소리 뒤로
물소리, 바람 소리

너는 너대로, 나는 나대로
주어진 각본대로

한바탕 연기를 하니
목이 마르다

물 한 사발 마시고
오늘도 어제처럼
남은 역할을 해야 한다

피날레 음악과 함께

막이 내리고

브라보 함성을 고대하며
너도나도 연기를 한다

지금도
인생극장 공연 중

II

공든 탑

나와 너 사이에
그때 그 말이
이제 이 말로 바뀌었기에
더듬어 본다

그때 나에게
천천히 살피며 오라던
그때 그 말이
이제는 빨리 오라는
한마디 말로
바뀐 것 같다

마음속에 쌓아둔
공든 탑이
스르르 내리는 소리가
여리디여린 나를 안고
탑과 함께

땅 위에 허허로이
내려앉는다

나와 너 사이에
침묵이 들고
나는 나에게
너는 어떠냐고
물어 볼란다

쌓기는 오래지만
헐기는 순간이라
공든 탑이 무너지랴
사람들은 그 앞에서
두 손 모아 절하는지

사랑 마중

주어는 나
동사는 사랑
목적어는 무한대

나 기쁠 때 하늘이
나 슬플 때 강물이
사랑한다고 한다

때때로 밀려오는
적막함에도
한 잔의 차와
감미로운 탱고가
나를 안고
홀을 마음껏 누비게 한다

오오, 사랑아
여기도 저기도

들에서도 산에서도
나를 부른다

기다리는 그 사랑을
뜨겁게 마중하리

필연

어느 길모퉁이에서
우연히, 정말로 우연히
스쳐 지나다
명령에 순종하는 병사처럼
꼭 같은 순간에 마주친
눈길 덕분에
서로의 그대가 되었습니다

슬픔이 와도 견딜 수 있었고
기쁨이 오면 얼싸안고 뛰었습니다
그대가 아프면 나눌 수 없어
간절히 기도하며 소원했습니다

다시금 그대와 나
테너와 소프라노로 화음 맞추며
우리 만남이 필연이었음을
노래하게 해 주소서

그대와 나
손잡고 저 먼 산에 올라
마주 보며 해 저물도록
필연이어서 행복했노라고
노래를 불러요

산울림 메아리 되어
우리의 만남이 필연이라고
외칠 겁니다
그 메아리를 언제까지나
가슴에 묻겠어요

우산 속 데이트

빗속을
한 쌍의 남녀가
한 우산을 받쳐 들고
걷고 있습니다

비는 내리고
남자의 왼 어깨
여자의 오른 어깨
젖고 있어도

그들은 몰라요, 몰라
분명히 아는 건
하나의 우산 속에서
비를 피한다는 것

너와 나 둘이서

우리의 풍경화

푸른 하늘에
하얀 새털구름

멀리 저만치
산새들이
만남의 기쁨을 만끽하네

앞들 논에는 황금물결
샛강 고기의 유희
복실이는 관객

노란 지붕 뒤의 굴뚝 위로
우리의 재회를 알리는
연기가 피어오르네

나랑 함께 살아요

나 이리도 기막히게
그 누구를 만난다면
그 앞에서 무릎을 꿇고
나랑 함께 살자고
애걸할 거예요

외롭고 서러울 때
문밖에서 헛기침으로
혼자가 아님을
깨워 주는 이라면

어둠에 갇혀
더듬거리고 있을 때
밝은 빛 가져와
나를 보게 한 이라면

세상사에 눈이 멀어

갈 길 몰라 헤맬 때
나침반 가져와
내 소명을 알리는 이

가진 것들 잊은 채
허우적일 때
가득 찬 물통처럼
충만을 전하는 이

마음의 문 열고
꽃을 물고 두 팔 벌려
포옹하는 이가
나랑 함께 살고 있어요

덕분에

덕분에 밀림 속에서
악어와 악어새가
서로 덕분이라며
윙크를 한다

과수원 나무들은
저마다 꽃과 벌
나비들의 속삭임

거실 반닫이
자물통과 열쇠는
'그대 있음에'라고

언덕길 수레는
끌고 밀어주며
탑을 쌓는다

비 갠 하늘
일곱 빛깔 무지개는
너희들 덕분에 최고

'덕분에'라는 말이
가득한 세상

참 좋겠다

간밤의 꿈

너무나 아름다워
지워지기 전에
서둘러 새겨 두렵니다

광장에는 많은 사람이 있고
나는 주인공이 되어
롱코트에 머플러를 날렸지요

잠시 후 멋진 차림의
잘생기고 듬직한 그 사람
그립던 나만의
그대가 등장했지요

그는 내게로 다가와서
나를 감싸주고
그대가 원하고 내가 기다렸던
영화보다 기막힌 장면같이

입맞춤했는데
감촉은 없어 알쏭달쏭하더군요

그때까지도 광장 한복판에서
뭇시선을 받고 있었지요
광장은 그대의 온기로 가득했고
관중들은 주인공인 우리 둘을
바라보고 있었지요

나는 그 포근함에 흠뻑 젖어
유유히 광장을 걸어 나왔지만
지금도 광장에 있는 것만 같아요
우리 두 사람은
아직도 꿈속에 있나 봅니다

나와의 대화

나를 당신이라 부르며
당신은 지금
무엇을 생각하고 있는지

언제나 그러하듯
어디서 무엇을 하든지
나는 그대를
생각하고 있습니다

당신은 무얼 하는지
언제나 그러하듯
나의 그대에게
마음 전하고 있지요

당신은 무엇이 되고 싶은지
언제나 그러하듯
나는 그대에게

그대가 되렵니다

그렇게 나와 그대는
우리가 되고 이렇게
하나가 되기 위해

내일 이맘때

지금 당장 나와 함께
두메산골로 갔다가
내일 이맘때 옵시다요

도저히 혼자서
감당 못하겠네요

산과 산을
외줄 타기로 이어 걷지만
정을 준 임이기에 여전히
떨리고 두렵습니다

머리를 파묻고
선과 진실의 승리를
기도합시다

탑은 드높이

깃발은 휘날릴 터이니

그때사 잘 차려입고
만찬에 함께하렵니다

사랑이 없다면

사랑이 없다면
온 세상이
마음 닫고 눈멀고 귀먹어
계절 따라 옷 갈아입고
빅쇼를 열어도
서열 지켜 나는
철새들의 명연기도
보지 못하겠지요

사랑이 없다면
폭포수 아래 내쏟는
명창의 한 서린 절창도
산사에서 퍼져 나가는
노승의 대북 소리도
무엇을 말하는지 모르게
흘러가 버리고 말겠지요

닫힌 마음 활짝 열고
지나가고 흘러가 버린
사랑인들 잡으려, 품어 안으려
눈 뜨고 귀 열어야겠죠
우리의 둥지를 보듬으면서
사랑을 위하여

있고 없고

사랑이 있고
기다림도 있으면

행복이 있고

사랑이 없고
기다림도 없다면

행복도 없다

그대로이다

내가 원하면
만남이 되고

그대가 원하면
이별이 되지만

우리는
그대로이다

III

날마다

어제는 오늘 되어
지워지길 바랐는데

오늘 되니
색깔 다른 옷을 입고
내 앞에 서 있다

예기치 못한
낯선 방문객들이
옷을 갈아입고
날마다 내 앞에 서서

울렸다
웃겼다

한바탕 명연기에
휘돌다 보니

허리를 세우고
날마다 오시는 단골손님을
미소 머금고
맞으러 가야 한다

날이면 날마다
살아 있음에 감사하면서

겨울나무

그대에게 물어봅니다

어찌 알몸으로
삭풍과 눈보라를
지나는지요

아 하하

지금은 나 비록
알몸일지라도
때 되면 싹 틔워서 꽃 피고
열매를 맺는

그런 기쁜 날을 마련함은
이 겨울이 나에게
베풀어 준 덕분임을
알고 있기에 춥지 않답니다

그의 대답에
침묵으로 고개를 숙입니다

기쁨

기쁨이 너무 많아서
무언지도 잘 모른다
그래서 찾아 나선다

모두가 좋아한다
흔치 않아 더욱 귀하므로

그런데 기뻐도
눈물이 난다
아프지도 않은
바다 같은 눈물이

누구든 갈망하는
그 기쁨은
마음속에 산다니

눈을 감고

마음을 열어요

기쁨이 말하기를
오래 참고
오래 기다리면
반드시 온다고 하네요

그래서 참고 기다리고
준비하며 사는 거지요

나는 싫소

누구든지 나를 보고
참고 살라는 말 마시오

나는 싫소
나는 싫소
주름만 늡니다

착한 척하는 것도
나는 싫소
상처만 남습니다

이쁜 척하는 것도
나는 싫소
외톨이가 되더이다

싫소이다 싫소이다

강한 척하는 것도
나는 싫소
라이벌이 되더이다

겉치레하느라
기진맥진이라도
남은 힘 거두어
힘 빼고 살고 싶소

있는 대로 먹고 자고 입고
'척'을 뺀 이들과
가벼이 놀렵니다

나의 기쁨대로
나에게 내 기쁨 가는 대로

나는 모릅니다

나는 모릅니다
어쩌다 내가 여기까지 와 있는지
역사적 기록은 알겠는데
흘러간 시간의 주인공이 누구였는지
곰곰이 들여다봅니다
나는 보이지 않습니다

어디 있나 살펴보니
무대 장막 뒤에서
힘 모으느라 분주합니다
예기치 못한 등장인물들도
나같이 분주합니다

돌발 사태에 앞장 마무리엔 뒷장
앞으로 갔다 뒤로 갔다
상하좌우 희비 쌍곡선
왜 그리 분주했는지

아직도 나는 잘 모릅니다

억울하거나 서럽지는 않은데
분주히 설치다가
나도 몰래 내 귀중품을
잃은 줄도 모르게 놓쳐 버린
허망함을 삼키면서 주위를 돌아봅니다

나와 같은 길이라
어이 오셨나 여쭈었더니
나는 모릅니다
나도 모른다고 합창을 합니다

나도 나는 모른다고
소리 높여 외칩니다
무슨 까닭에 그리 해야 하는지
아직도 모릅니다

석양의 선물

아침을 지나서
만나고

먹고 마시고
알롱달롱 놀다가

때 되어
집으로 돌아오는 길

석양이
산도 들도 길에도
황금을
쏟아 놓는다

함께하지 못함에
건네준 선물이리라

태양이 이 세상의
만물을 자라게 하였음을

새삼 되새기면서
귀가하는 길

그때

그때는
지금 이렇게
슬며시 와 있는
이때를
몰랐기에

그 귀한 것들을
누리지도 못하고
그냥 보내 버렸다

바보 같은 인생아
번번이 잊는구나
때마다 당하는
이 설움아

그때, 그때마다
언약이나 해 둘걸

징표나 나눌걸

영원히 머물 줄 안
그때, 그때가
저리도록 그립구나

묵은 놀이터

묵은 수십 년을
해바라기로

내 마음과
같은 줄만 알고

마당놀이 판에서
함께하기가 좋아서
노래하며 춤추고
그렇게 지냈지

그러다 나는
멍석 밖으로
밀려난 바보가 되어
허허로이 웃는다

무언가 소중한 걸

잃어버린 것 같아

채우기 위해
다시 되돌아가야 한다고

생각을 깊이 하며
느린 걸음으로 돌아보리라

올챙이야

올챙이야, 너는 아느냐
네가 있는 그곳이
낙원이란 것을

구람도 살핌도
베풂이 없어도
마냥 예쁘다

변함의 아픔도
겪지 말거라
행여 몸이 변하더라도
마음은 그대로 두거라

너의 몫이다
잊지 말거라

내 사랑들아

먼 훗날

옛적엔
먼 훗날이
멀기도 하더니

먼 훗날 기대 속에
휘감겨 사노라
어느새
가까이 와 있어

때로는 아련한
핑계일 수 있지만
소망을 실은
약속이기도 하다

지금

지금, 지금,
지금이 쌓이면
세월이 되지요

지나간 지금은
과거가 되고
마주한 지금은
현실이 되고
다가올 지금은
미래가 된다지요

돌아봄에 눈 열어
마주함에 힘쓰면
다가옴이 기쁘리

그때가 지금이라면
새기리라

품으리라
나누리라

바람 타고
깜짝 사이 지나가는

결코 돌아올 수 없는
지금이거늘

무얼 어찌하면
먼 훗날
잘했다고 절찬 듣게
고민해 봐야겠지요

정

눈이 나빠
눈길 마주 못해
뜨겁진 않아도

가슴속 온기
따뜻이 나누어서
후회는 없다

뜨거움보다는
따뜻함이
오래가더라

팔순에 보는 산

먼 산을 바라보며
썼다가 지웠다 다시 쓴다

아버지 터 잡고
어머니 모셔둔 그 산에
남편도 자리한 그 산에서
언젠가 그날이 되면
노래를 좋아하는 우리 함께
만남의 기쁨을 노래해요
산과 더불어 어우러지며
멋진 합창을 해요

IV

실버의 멋

나 아직
할 일이 남아 있어 기쁘다

그간 상하좌우를 보느라
어지러웠고
뒤통수 쫓느라 숨차게 왔는데
고지에 올라 보니
어느샌가
머리에 백설이 내렸다

지나온 길로
되돌아갈 수 없지만
어지럼도 숨참도
양식이었으니
힘 다해 쉬이 녹스는 실버를
그간 모아 둔 인내와 지혜로
쉼없이 닦아

빛나진 않아도 실버만 누리는
은은한 멋은
품을 수 있답니다

어서들 오십시오
문 열어 놓겠습니다

빗방울 속의 만남

어느 이른 밤
친구와 헤어지고
집으로 가는
버스에 오르고
의자에 기대앉아
무심히 창밖을 바라본다

비가 내리고
유리창엔 빗물들이
부딪히며 아롱아롱
정겨운 구슬을 매단다

나와 대화의 창을 두드린다
차창의 물방울들은
거리의 불빛을 받으며
눈부신 루비와 사파이어를
쏟아 놓는다

누릴 여유도 없이
스르르 흘러내린다
머물 수 없음이 순종이라며
그렇게 흔적 없이 사라지더라도
한순간의 영롱한 만남

내 마음에 꿰어 안고
어느새 집 앞까지 당도한다
버스에 미련들을 실어 보내고
나는 한참이나 서 있었다

밤비는 그치지 않고
순간과 무언의 만남은 갔더라도
다시 그런 순간이 기다려진다

친구들아

참새 떼가 전선 위에 나란히
옹기종기 재잘재잘
동창회 날이다

입은 옷은 형형색색
품고 온 얘기도 가지가지

네 모습 내 모습 꼭 같아
멋쩍게 웃는다

만남이 좋아 설렘으로 온
마음들도 꼭 같다

그동안 어찌 살았는지
주고받는
재잘재잘 잔치다

흐르는 세월 속에서
삶은 달라도 옛정은 그대로라
동기 동창일까

지금 만남에 감사하며
다음 만날 때까지 잘 지내

또 전선 위에서 기다릴 거야
친구들아

여고 졸업 예순 돌

스물 더하기 육십
어김없는 팔십

여기저기 살다가
오늘에야 만났네

우와 반가우이
그대로구나
저마다 난리다

얼굴의 주름은
너도 나도
눈을 감으니
보이지 않고

굽은 허리
느린 걸음

같구나, 같아

굽이굽이 도느라
모두 애썼소

할머니란 감투에
하던 대로 해 보세

지금은 어드메뇨

모처럼
대낮에 쉬려고
눈을 감았다가
실눈을 떴다가 한다

전선줄 위에
나란히 모여 앉은
참새 떼의
지저귐 소리

외줄을 타고 앉아
같은 옷을 입고
재잘재잘

나도 같고
너도 같다고
노래한다

지금은
어드메뇨
갈래머리 친구들아

울음

꾸꾸루 꾸꾸
팔로마

울컥이는 가슴이
즐기던 신청곡

이유 없는 울분은
아직도 모르겠다

나를 동무해 주는
것으로 알고
다정스레 지냈다

벗어나고파
함께하고파

오르고 싶어

내리기 싫어

이렇게 저렇게
그때마다 달려와
얼싸안고 운다

세상 구경

여보세요
어디 가세요

세상 구경하려구요

산들은 누워 있고
강물은 흘러가고

도심 속 사람들은
바삐도 오고 간다

여보세요
세상 구경 어떠세요

웃다가 울다가
만났다 헤어졌다
한바탕 연극을

보고 왔지요

따사롭고
아름다운 것들이 많아

세상 속으로
들어가 보려 합니다

상하좌우

문밖으로 나서면
당장 선택해야 한다

상하좌우 중 하나를

좌가 웃으면
우가 울까

위로 오르다 아닌 것 같아
서둘러 아래로 내리고

두리번두리번
끄덕끄덕끄덕

반평생 이리 사노라니
어지럽구먼

남은 반평생
상하좌우 생각도 말고
내 맘대로 하고 살란다

정답

살면서
잘 살기를 바라고
산다지만

어쩌다 어제는
피해자 되어 울었고

내일은 가해자 되어
울릴지도 모른다

모르는 게
세상사
정답은 없다

미라

나는 지난날
당신 속에 살았고

남은 날도
그리 살고 싶습니다

추억은 미라가 되어
소망을 낳습니다

결혼식

신랑 신부로
불리던 그날부터

세상을 바탕으로
한 편의 우여곡절 드라마를
정성 다해 지어야 한다

기억 속에 담고 싶은
걸작으로

결혼식

이렇게 큰 날에 간직한
각본을 되새기겠지요

축하객 모두
큰 박수로 파이팅한다

축하하오
신랑 신부

세월이 흘러
걸작의 주인공이
될 것을 고대한다

숙아, 잘 있제
―고모가

숙아, 잘 있제
네가 늘 말한 대로
여기 있어도 좋고
거기 가도 좋으냐

그곳 주인인
할아버지 계시고
아들인 아버지 계시니
얼마나 좋으냐

먼저 가 계신
가족들도 만나서
축제도 열렸겠구나

여기 너를 아는 모두가
꽃다발을 보낸다
우리 서로 있는 곳에서

잘들 지내자

성실히 쌓았으니
상급도 컸겠구먼
그리움도 가득 싣고서

해설

사랑과 그리움, 기다림의 시

이 태 수 〈시인〉

| 해설 |

사랑과 그리움, 기다림의 시

이 태 수 〈시인〉

ⅰ) 이형순의 시는 진솔眞率하고 담백하며 원숙하고 유연하다. 사랑에의 기구祈求와 그리움, 기다림이 중심축을 이루는 그의 시에는 팔순에 접어든 연륜과 경륜에 걸맞은 승화된 여유가 관류하며, 오랜 체험들이 부드럽게 녹아든 깨달음과 꾸밈없는 지혜들이 은은한 무늬와 빛깔로 떠오르고 있다.

한 사람과의 만남이 삶의 새길을 찾게 했을 정도로 사랑의 힘에 믿음이 깊은 듯한 그는 이제 그 잃어버린 사랑을 애틋하게 반추해야 하는 자리에 놓여 있기도 하지만, 기독교 신앙에 연유하는 더 큰 사랑과 너그러운 자연의 품에서 한결 낮은 자세로 순응順應하면서 베풀고 나누려는 '실버의 멋'까지 발산해 보인다.

자성적自省的인 자기 성찰에 초점이 맞춰진 일련의 시편을 통해서는 지난 시절을 그리워하고, 그 그리움 속의 사랑의 세계가 다시 돌아오기를 기다리면서도 궁극적으로는 그런 무상감이나 비애마저 관용寬容으로 품어 안는 관조와 달관의 시선으로 빚은 심상 풍경들을 보여준다.

ⅱ) 시인은 바뀌지 않고 마냥 그대로인 대상(산)과 수시로 바뀌는 주체(나)를 대비하면서 지나간 시절을 애틋하게 그리워하고, 그 그리움 속의 세계가 다시 돌아오기를 기다린다. '먼 산'으로 은유隱喩하는 그리움 속의 변하지 않는 세계는 동경의 대상이며, 변하게 마련인 주체와 함께 흐르는 세월도 '나'가 체감해야 하는 대상 이쪽의 현실이다.

그런 현실 속에서 '나'는 붙잡을 수 없이 흐르는 세월과 더불어 바뀔 수밖에 없어 지난날로 되돌아가고 싶어지고, 바뀌지 않는 대상에 그런 심경을 투사投射하는 심상 풍경을 빚어 보이기도 한다. 더구나 '먼 산'과 같이 변하지 않고 마냥 그대로인 세계를 날마다 마주해야 하므로 '나'의 그리움과 기다림의 농도가 더욱 짙어질 수밖에 없을 것이다.

> 창밖에 누워
> 날이면 날마다
> 나와 대면하는
> 먼 산

어제 내가
웃었는지 울었는지
아는지
모르는지
마냥 그대로다

무심하지만 한결같이
그대로 있어 주어
만날 수 있으니
그 헤아릴 수 없는 속이
얼마나 깊은 걸까

하지만 한결같은
나의 기다림은
속절없어 눈물겹다
　　　　―「먼 산」 전문

　이 시에서 묘사되고 있듯이, 날마다 창 너머로 대면하는 '먼 산'은 마냥 그 모습 그대로다. 그런 모습의 산은 세상을 살아가면서 울고 웃는 '나'에게는 무심한 듯하나 한결같이 같은 자리에 그대로 있어 '나'에게는 외경畏敬의 대상으로 자리매김한다. 창밖의 산은 날마다 만날 수 있어도 멀리 있으며, 속이 한량없이 깊어 보이므로 자신과는 극명하게 대비될 수밖에 없지 않을까. 더구나 있어 주는 그 자체만으로도 위안이 되기도 하는 '먼 산'은 언제나 창 너머 멀리 있듯이, 시의 화자가 애틋하게 그리워하고 기다리는 세계는 가까워지지 않아 속절없는 눈물을 불러오게 마련일 것이다.

이 같은 심경心境은 시 「옛길」과 「기다림」에 또 다르게 묘사된다. 세월과 시대의 흐름에 따라 강둑 너머 고층 아파트들이 들어서고 골목길이 팔차선의 한길로 바뀌며 친구들과 즐겨 찾던 찻집마저 대형 카페에 밀려나 버려 "먼 그때가 저려옵니다 // 몸은 이리 떠밀려 왔지만 // 마음은 거기 심어 두었지요"(「옛길」)라고 바뀌기 이전의 지난 시절을 그리워한다.

> 목이 말라
> 샘가에서 기다립니다
>
> \<중략\>
>
> 기다림이 너무도 길어
> 또 손가락을 꼽습니다
>
> \<중략\>
>
> 기약 없는 기다림이지만
> 행여 돌아서서 울지라도
>
> 언제나 기다리며
> 살고 있습니다
> 　　　　—「기다림」 부분

이 기다림은 목마르게 하고 기약도 없이 너무나 길게 이어지며, 행여 돌아서서 울게 될지라도 그 속에서 살아가야 할 정도로 일상화日常化되기도 한다. 나아가 그 기다림은 창밖을 바라보거나 샘가에서 목말라하는 데서 그리움을 찾아 나서는 적극성을 띤 능동태로도 발전한다.

"가고 싶은 마음은 / 갈 곳이 어딘지 몰라도 / 설레며 나서게"(「가고 있어요」) 하고, "출발이 시작이고 / 도착이 끝이라면 / 가고 있음은 / 무언가를 하는 기쁨"(같은 시)이라는 대목에서 읽게 되듯, 길을 나서 가고 있다는 사실 자체가 기쁨을 동반하는 자기 위안慰安이 되고, 포기가 아닌 체념을 대동하는 듯한 '순응의 미덕' 끌어안기로 나아가는 모습을 보여준다.

> 나 이리 있어요
> 주어진 대로 먹고 자고 입고
> 그러고 있어요
>
> 바람이 불면 노래를 부르고
> 비가 오면 추억을 새겨요
>
> \<중략\>
>
> 때로는 산에도 들에도 가는데
> 언제나 그대로 그 자리에 그 모습
> 내가 쉬이 찾아오라고
> 그리 있나 봅니다

나 이리 지내고 있지요
　　　―「나 이리 있어요」 부분

　그의 대부분의 시가 그렇듯이, 풀이가 거의 필요 없을 정도로 진솔하고 담백한 고백체 문장으로 이뤄진 이 시 (「낙원」도 비슷한 맥락이지만)는 그리움과 기다림을 안으로 삭이면서 주어진 대로 살아가려는 관용(너그러움)으로 승화된 모습을 보여주며, "언제나 그대로 그 자리에 그 모습"으로 있는 자연(산과 들)의 부름에 따르려는 순응의 자세를 내비치고 있다. 하지만 이 같은 자연을 향해서 바라는 바도 없지는 않다.

　　바람아, 불어다오
　　세게도 말고
　　살살도 말고

　　세게 불면 숨이 차고
　　살살 불면 답답할 테니

　　<중략>

　　지금은 솔향 실은
　　솔바람이 기다려진다
　　　―「바람아, 불어다오」 부분

　언제나 정도의 차이는 있겠지만 자연현상은 인간에게

숨이 차게도 하고 답답하게도 한다. 바람은 그중의 대표적인 경우라 할 수 있다. 이 시에서는 바람에 거는 기대감과 소망을 서정적으로 끼얹어놓는다. 언제나 부는 바람이지만 화자가 가장 선호하는 바람은 솔숲에서 솔향을 실어 나르는 솔바람인 것 같다.

그러나 다른 한편으로는 자연(숲과 바람)에 외면당하기도 해 더욱 적극적인 자세로 새길을 찾아 나서게 하는가 하면, 그 낯선 길이 어떤 계기와 만나 익숙한 삶의 길이 될 뿐 아니라 그 길의 주역主役이 되게도 한다.

> 바람이 좋아
> 바람 부는 데로
> 숲이 좋아
> 숲이 우거진 데로
> 길인가 하여 가 보았더니
>
> 바람은 가고 숲은 끊어져
> 오던 길 돌아보았는데
> 모르는 체하더이다
>
> 길이 아닌가 하여
> 낯선 길 들어섰는데
> 그 길에서
> 우연히 한 사람 만나
> 째깍째깍 살고 있으니

어느새 낯설던 그 길의
길잡이가 되었습니다
—「길」 부분

바람 따라간 숲길에서 길이 끊겨 낯선 길에 들어섰는데 그 길에서 우연히 만난 반려자伴侶者와 함께 살고 있으니 그 낯선 길의 길잡이가 되었다는 건 자연 못잖게 자신에게 가장 소중한 사람과의 동행에 대한 예찬과 각별한 의미 부여가 아닐 수 없다. 한 사람(반려자)과의 만남이 삶의 새로운 방향(길)을 찾게 했을 뿐 아니라 궁극적으로 그 길의 길잡이가 되게도 했을 것이기 때문이다. 이는 바로 사랑의 힘 때문임은 말할 나위가 없을 것이다.

iii) '기다림'과 함께 '사랑'은 이 시집의 중심축을 이루고 있다고 해도 틀린 말은 아닐 것 같다. 짧은 시「있고 없고」에서는 "사랑이 있고 / 기다림도 있으면 // 행복이 있고 // 사랑이 없고 / 기다림도 없다면 // 행복도 없다"는 단순명료한 행복론幸福論을 편다. 사랑은 기다림과 짝을 이루어 행복과 불행을 가름하게 한다는 메시지가 직설적으로 개진돼 있기 때문이다.

그런가 하면, 「사랑 마중」에서는 "주어는 나 / 동사는 사랑 / 목적어는 무한대"라고 '나'와 '무한대'를 추동推動하는 힘이 바로 '사랑'이라고 단도직입적으로 역설하고 있다. 시인이 말하는 '사랑'은 하늘의 뜻에 순응하며 따르는 자연에 있으며, 사람과 사람 사이의 사랑도 그 안에 놓여 있다는 것일까.

> 나 기쁠 때 하늘이
> 나 슬플 때 강물이
> 사랑한다고 한다
>
> <중략>
>
> 오오, 사랑아
> 여기도 저기도
> 들에서도 산에서도
> 나를 부른다
>
> 기다리는 그 사랑을
> 뜨겁게 마중하리
> ―「사랑 마중」 부분

이 시는 자연은 기쁠 때나 슬플 때도 한결같이 사랑으로 감싸주며, 그 사랑은 기다리고 찾는 사람에게 주어진다는 사실을 일깨운다. 다분히 기독교 신앙에서 우러나오는 믿음에 연유하고, 그런 사랑을 기다리고 마중해야 이뤄질 수 있다는 암시도 하고 있는 것으로 보인다. 또한 자연은 사랑을 주재하고 연출하며, 그 사랑으로 사랑하는 사람들을 불러들이기도 한다.

푸른 하늘에
　　하얀 새털구름

　　멀리 저만치
　　산새들이
　　만남의 기쁨을 만끽하네

　　앞들 논에는 황금물결
　　샛강 고기의 유희
　　복실이는 관객

　　노란 지붕 뒤의 굴뚝 위로
　　우리의 재회를 알리는
　　연기가 피어오르네
　　　　　　―「우리의 풍경화」 전문

　아름다운 동화의 한 장면을 연상케 하는 시로, 사랑 안에 자리하고 있는 풍경을 그리면서 '복실이'(강아지)와 '우리'(가장 가까운 너와 나)를 슬며시 끌어들인다. 사랑으로 만나 빚어지는 풍경에 넌지시 '우리의 재회(사랑)'에의 꿈을 포개 놓기도 한다. '재회'라는 말이 시사示唆하는 바와 같이 시인은 사랑하는 사람과 헤어져 있으며(사별), 지금은 우연히 만나 '하나'가 되던 그 잃어버린 사랑을 반추하고, 기리는 자리에 있을 수밖에 없다. 시「필연」은 그 사랑을 향한 기도이며, 절절한 사부가思夫歌로 보인다.

어느 길모퉁이에서
우연히, 정말로 우연히
스쳐 지나다
명령에 순종하는 병사처럼
꼭 같은 순간에 마주친
눈길 덕분에
서로의 그대가 되었습니다

슬픔이 와도 견딜 수 있었고
기쁨이 오면 얼싸안고 뛰었습니다
그대가 아프면 나눌 수 없어
간절히 기도하며 소원했습니다

다시금 그대와 나
테너와 소프라노로 화음 맞추며
우리 만남이 필연이었음을
노래하게 해 주소서

그대와 나
손잡고 저 먼 산에 올라
마주 보며 해 저물도록
필연이어서 행복했노라고
노래를 불러요

산울림 메아리 되어
우리의 만남이 필연이라고
외칠 겁니다
그 메아리를 인제까지나

가슴에 묻겠어요
—「필연」전문

  우연히 만나 '서로의 그대'(부부)가 되어 살던 사랑의 서사敍事를 떠올려 보이는 이 시는 슬픔과 기쁨을 함께하며 사랑하던 때를 그리워하면서 그 만남이 우연이 만든 필연이어서 행복했음을 소환하고 반추한다. 게다가 함께 그런 노래를 산에 올라 다시 부를 수 있다면 그 '필연'이라는 산 메아리까지도 언제까지나 가슴에 묻겠다는 심경을 곡진하고 절절하게 드러내 보인다.
  시인은 사랑이 없는 세상을 상상하기조차 싫어서일까. 「사랑이 없다면」에서는 "닫힌 마음 활짝 열고 / 지나가고 흘러가 버린 / 사랑인들 잡으려, 품어 안으려 / 눈 뜨고 귀 열어야겠죠"라고 반문하는가 하면, 「나랑 함께 살아요」에서는 "마음의 문 열고 / 꽃을 물고 두 팔 벌려 / 포옹하는 이가 / 나랑 함께 살고 있어요"라고 토로하기도 한다. 그뿐인가. 시「간밤의 꿈」은 꿈속에서 남편과 사랑을 나누던 장면까지 "너무나 아름다워 / 지워지기 전에 / 서둘러 새겨 두렵니다"라고, 생생하게 살려 놓고 싶어 한다.

광장에는 많은 사람이 있고
나는 주인공이 되어
롱코트에 머플러를 날렸지요

잠시 후 멋진 차림의
잘생기고 듬직한 그 사람
그립던 나만의
그대가 등장했지요

그는 내게로 다가와서
나를 감싸주고
그대가 원하고 내가 기다렸던
영화보다 기막힌 장면같이
입맞춤했는데
감촉은 없어 알쏭달쏭하더군요

그때까지도 광장 한복판에서
뭇시선을 받고 있었지요
광장은 그대의 온기로 가득했고
관중들은 주인공인 우리 둘을
바라보고 있었지요

나는 그 포근함에 흠뻑 젖어
유유히 광장을 걸어 나왔지만
지금도 광장에 있는 것만 같아요
우리 두 사람은
아직도 꿈속에 있나 봅니다
—「간밤의 꿈」 부분

광장의 군중群衆 앞에서 사랑을 주제로 공연하는 젊은 멋쟁이 두 주역 배우를 그리고 있는 듯한 이 시는 꿈속이라 입맞춤해도 "감촉은 없어 알쏭달쏭하더군요"라고 사실적으로 묘사하면서도 "지금도 광장에 있는 것만 같아요"라든지 "우리 두 사람은 / 아직도 꿈속에 있나 봅니다"라고 그 아름다운 한때를 꿈속에 붙들어 놓듯 새기고 있다. 이 시는 "주어는 나 / 동사는 사랑 / 목적어는 무한대"라는 「사랑 마중」의 한 대목을 새삼 떠올려보게도 한다.

ⅳ) 이형순의 일련의 시는 일상인으로서의 생활이 여러 빛깔의 파토스나 무상감에 자유로울 수 없으며, 회한悔恨이나 후회로부터도 한가지이게 마련이라는 자성적인 자기 성찰에 주어져 있다. 세월은 그야말로 무상하기 그지없어, 되돌아보면 "옛적엔 / 먼 훗날이 / 멀기도 하더니 // 먼 훗날 기대 속에 / 휘감겨 사노라 / 어느새 / 가까이 와 있어"(「먼 훗날」)라는 회상은 세월의 덧없음과 비애를 가감 없이 드러낸다.

"그때는 / 지금 이렇게 / 슬며시 와 있는 / 이때를 / 몰랐"(「그때」)으며, "그 귀한 것들을 / 누리지도 못하고 / 그냥 보내 버렸다"(같은 시)고 늘그막의 후회와 비애를 토로하는 것도 같은 맥락이며, 지나가 버린 '그때, 그때'를 저리도록 그리워하고 아쉬워하는 심경도 마찬가지인 것 같다.

「묵은 놀이터」를 통해서는 마당놀이 판에서 "멍석 밖으로 / 밀려난 바보"로 자기 비하自己卑下를 하거나 "무언가 소중한 걸 / 잃어버린 것 같"은 상실감에 젖고, 「나는 모릅니다」에서는 주역이 아니라 "무대 장막 뒤에서 / 힘 모으느라 분주"했으며, "앞으로 갔다 뒤로 갔다 / 상하좌우 희비 쌍곡선 / 왜 그리 분주했는지" 아직도 잘 모르겠다고도 고백한다. 「나는 싫소」에서는 그런 무상감을 극대화해 보이면서 그리운 과거를 역설적으로 돌아본다.

    누구든지 나를 보고
    참고 살라는 말 마시오

    나는 싫소
    나는 싫소
    주름만 늡니다

    착한 척하는 것도
    나는 싫소
    상처만 남습니다

    이쁜 척하는 것도
    나는 싫소
    외톨이가 되더이다

    싫소이다 싫소이다

    강한 척하는 것도
    나는 싫소
    라이벌이 되더이다

겉치레하느라
기진맥진이라도
남은 힘 거두어
힘 빼고 살고 싶소

있는 대로 먹고 자고 입고
'척'을 뺀 이들과
가벼이 놀렵니다

나의 기쁨대로
나에게 내 기쁨 가는 대로
　　　　　ㅡ「나는 싫소」 전문

　사실 그대로 말하자면, 지난 오랜 세월 동안 참으면서 살았고 착하게 살려고 애썼으며, 이쁘게 보이려 겉치레도 했으나 강하게 살아왔다는 서사를 담고 있다. 하지만 그 결과 주름이 늘고 상처만 남았으며, 외톨이가 되고 라이벌을 만들었다고 후회하는 듯한 무상감을 굳이 감추지 않고 있다.
　하지만 힘을 빼고 가벼이 "내 기쁨 가는 대로" 놀겠다는 발언을 곧이곧대로 받아들이기보다는 과장법이나 겸허謙虛한 역설로 읽어야 할 것으로 보인다. 시인은 그렇게 성실히 살아왔으며, 그런 삶을 부정할 리 없을 것 같고, 기실은 지금도 "날이면 날마다 / 살아 있음에 감사하면서"(「날마다」) 살고 있기 때문이다. 더구나 겨울나

기를 하는 나무를 바라보면서

> 지금은 나 비록
> 알몸일지라도
> 때 되면 싹 틔워서 꽃 피고
> 열매를 맺는
>
> 그런 기쁜 날을 마련함은
> 이 겨울이 나에게
> 베풀어 준 덕분임을
> 알고 있기에 춥지 않답니다
> ―「겨울나무」 부분

라고 하는 대목 역시 그런 사실을 받쳐주며, "기쁨이 말하기를 / 오래 참고 / 오래 기다리면 / 반드시 온다고 하네요 // 그래서 참고 기다리고 / 준비하며 사는 거지요"(「기쁨」)에 이르면 시인의 평소 삶을 더욱 확연하게 드러내 보여주기도 한다.

> 때 되어
> 집으로 돌아오는 길
>
> 석양이
> 산도 들도 길에도
> 황금을
> 쏟아 놓는다

함께하지 못함에
건네준 선물이리라
　　　　―「석양의 선물」부분

  늘그막에 바라보이는 저녁놀을 석양夕陽의 선물(그것도 황금이라니)로 받아들이거나 「올챙이야」에서 현실 사회에 막 들어서는 사람을 올챙이에 빗대면서 "너는 아느냐 / 네가 있는 그곳이 / 낙원이란 것을"이라는 구절 또한 세상을 긍정적인 시선으로 바라보는 경우이며, "깜짝 사이 지나가는 // 결코 돌아올 수 없는 / 지금"(「지금」)이라고 일깨우는 현실 인식 역시 시인의 그런 마음자리를 반영하고 있는 것 같다.

  ⅴ) 팔순에 접어든 시인은 그 연륜에 걸맞은 세계에서 소요逍遙하는 여유와 관용, 관조와 달관의 경지를 은은하게 형상화한다. 시 「상하좌우」에서는 문밖으로 나서면 상하좌우 중 하나를 당장 선택해야 하지만, 균형감각이나 판단력을 염두에 두면서도 "상하좌우 생각도 말고 / 내 맘대로 하고 살란다"는 대목이 말하듯, 모든 것으로부터의 자유를 지향한다고나 할까. 거침이 없다.
  이 같은 여유는 "내가 모른다는 사실은 안다"는 소크라테스의 '무지無知의 지'를 연상케 하는 "모르는 게 / 세상사 / 정답은 없다"(「정답」)라는 인식과 깨달음에서 비롯

되는 듯하다. 이 너그러운 여유는 또한 비우고 내려놓고 지우는 지혜와도 무관하지 않아 보인다. 그 연장선상에 놓이는 「세상 구경」은 세상을 따스하고 너그러운 시선으로 그려 보이는 관조자의 모습을 진솔하게 떠올린다.

여보세요
어디 가세요

세상 구경하려구요

산들은 누워 있고
강물은 흘러가고

도심 속 사람들은
바삐도 오고 간다

여보세요
세상 구경 어떠세요

웃다가 울다가
만났다 헤어졌다
한바탕 연극을
보고 왔지요

따사롭고
아름다운 것들이 많아

세상 속으로

들어가 보려 합니다
　　―「세상 구경」 전문

　이 시에서 누군가의 물음에 화답和答하는 듯한 화자는 직접 연기를 하는 무대에서 벗어나 객석에만 자리 잡듯이 일정한 거리를 두고 세상을 바라본다. 세상 속으로 들어가기는 하지만 주로 연극을 관람하는 것같이 관객의 입장에 선다. 그러나 이 시에서의 "따사롭고 / 아름다운 것들이 많아"라는 구절도 마찬가지지만, 「빗방울 속의 만남」에서는 관조자의 시선으로 비 내리는 밤의 버스 차창 밖을 무심히 바라보면서도 빗방울을 구슬이나 보석으로 변용해서 바라보는 '승화된 여유'가 아름답다.

　시의 화자가 빗방울을 "나와 대화의 창을 두드린다"라고 보거나 "차창의 물방울들은 / 거리의 불빛을 받으며 / 눈부신 루비와 사파이어를 / 쏟아 놓는다"라고 루비와 사파이어로까지 격상해 바라보는 시각이 신선하고, 화자의 투영投影된 마음을 떠올리는 심상 풍경이라는 점에서도 시적 묘미가 돋보인다.

　하지만 시인이 주로 객석에서 다른 사람들의 연기演技를 관람하는 입장으로 바뀌긴 해도 '인생극장'에서 은퇴한 건 아니며 이 세상을 떠나는 날까지 그럴 수도 없다. 「인생극장」에서는 자신에게 주어진 각본대로 남은 역할을 해야 하고 피날레를 향해 연기를 한다며, "지금도 /

인생극장 공연 중"이라고 건재를 알리면서 남은 역할에 대해서도 기꺼워한다. 남은 역할을 '기쁨'으로 바라보는 「실버의 멋」은 그런 서사를 함축해 보인다.

>나 아직
>할 일이 남아 있어 기쁘다
>
>그간 상하좌우를 보느라
>어지러웠고
>뒤통수 쫓느라 숨차게 왔는데
>고지에 올라 보니
>어느샌가
>머리에 백설이 내렸다
>
>지나온 길로
>되돌아갈 수 없지만
>어지럼도 숨참도
>양식이었으니
>힘 다해 쉬이 녹스는 실버를
>그간 모아 둔 인내와 지혜로
>쉼없이 닦아
>빛나진 않아도 실버만 누리는
>은은한 멋은
>품을 수 있답니다
>
>어서들 오십시오
>문 열어 놓겠습니다
>　　　　　―「실버의 멋」 전문

"나 아직 / 할 일이 남아 있어 기쁘다"로 시작되는 이 시는 여생餘生을 감사하는 마음으로 받아들이고, 그것이 기쁨이라는 메시지를 먼저 던지고 있다고 볼 수 있다. 아직 남아 있는 할 일은 물론 지난날과는 다르다.

어지럽도록 상하좌우를 살펴야 하고 앞서가는 사람들을 따라잡기 위해 숨차게 달려오면서 고지에 이른 게 지난날들이었다. 하지만 흰 머리카락이 성성한 지금은 그 '어지럼'과 '숨참', '인내'와 '지혜'가 양식이 되거나 모이고 쌓여 있어도 지난날들과는 달리 그 노하우를 바탕으로 "실버만 누리는 / 은은한 멋"을 추구하는 게 '남은 할 일'이고, 기쁨을 안겨준다는 것이다.

이 시가 보여주는 '실버의 멋'이 더 돋보이도록 하는 건 자신뿐 아니라 타인을 향해 열려 있다는 데 있다고 할 수 있다. 자신이 품은 그 멋을 다른 사람들을 향해 "어서들 오십시오 / 문 열어 놓겠습니다"라고 나눔과 베풂의 미덕까지 포용包容하고 있기 때문이다.

시인의 여유는 기쁨(즐거움)은 또 다른 데로도 번져 흐른다. 늘그막의 여고 동창회가 마음만은 마치 소녀 시절로 되돌아가게 해 주는 것 같기 때문일까.「친구들아」라는 시에서 동창회를 "참새 떼가 전선 위에 나란히 / 옹기종기 재잘재잘"하는 데 비유하는가 하면, "삶은 달라도 옛정은 그대로"여서 다시 만나고 싶은 마음을 "또 전선 위에서 기다릴 거야"라고 표현해 놓기도 한다. 입은 옷과 품고 온 얘기도 형형색색, 가지가지지만 늙은 모습이나 설레는 마음은 꼭 같고, 「여고 졸업 예순 돌」에서 묘사하는 바와 같이

> 얼굴의 주름은
> 너도 나도
> 눈을 감으니
> 보이지 않고
>
> 굽은 허리
> 느린 걸음
> 같구나, 같아
> ─「여고 졸업 예순 돌」 부분

같이 늙어가는 비애마저 해학諧謔으로 변용하고 즐거움으로 완전히 바꿔 놓기도 한다. "얼굴의 주름은 / 너도 나도 / 눈을 감으니 / 보이지 않"는다는 표현의 이면은 마음만은 예순 해도 넘은 시절로 회귀한다는 뉘앙스를 품고 있는 것으로 읽히기도 한다.

이 시집 작품 가운데 독특한 어법의 시 한 편이 보인다. 순전히 경상도 사투리로만 구사한 시여서 다른 지역 사람들은 무슨 말을 하는지 모를 수도 있을 것이다. 사족蛇足을 달면 되레 재미가 적어질 것 같아 전문을 그대로 인용해 본다.

보이소, 들어보고
우짤라 카는지 갈치 주이소
있짠아예
누가 있는데
지가 내한테 카대예
내가 안 통해 나간다 카더라꼬예
기가 딱 맥혀서
지보다 내가 백배 더 답답은데
정든 기 아까바서 이래 달래고
저래 추켜봐도 나간다 그케 싸킬래
내가 지보고 그라만
니 하고 싶은 대로 해라 캤디
뭐라꼬 하고 싶은 대로
하라 캤나 카길래
니가 안 캤나 니 하고 싶은 대로
한다꼬 그캤디 가마이 있데예
그러디 지가 알아서 한다 카는데
머리도 띵하고
나간다 카는지 들온다 카는지
통 모리겠고 아바구하기도 부끄러버
여쭙니더 우짤라 카는지
지도 잘 모르는 거
아잉 거 아인지예
모리겠네예
　　　　　　　　　—「우짜라 카노」 전문

그루시선 114
여자의 꿈

초판 1쇄 발행 2025년 8월 20일

지은이   이형순
펴낸이   이은재

펴낸곳   도서출판 그루
출판등록 1983. 3. 26(제1-61호)
주소   42452 대구광역시 남구 큰골 3길 30
전화   053-253-7872
팩스   053-257-7884
전자우편 guroo@guroo.co.kr

ⓒ 이형순, 2025
ISBN 978-89-8069-532-4 (03810)

*이 책은 저작권법에 의해 보호받는 저작물이므로 무단 전재와 무단 복제를 금하며 이 책 내용의 전부 또는 일부를 이용하시려면 반드시 저작권자와 도서출판 그루에 서면 동의를 받아야 합니다.
*잘못된 책은 구입하신 곳에서 바꿔 드립니다.
*책값은 뒤표지에 있습니다.